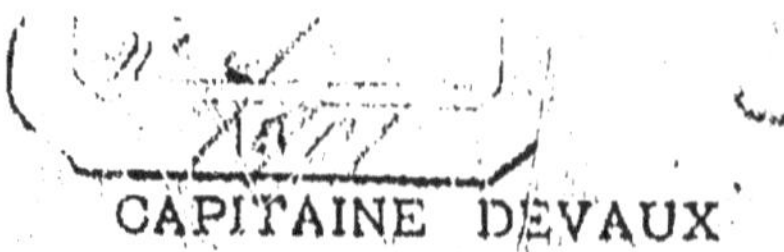

CAPITAINE DEVAUX

L'AFRIQUE OCCIDENTALE

FRANÇAISE

Par le Capitaine DEVAUX, du 22e de Ligne

OFFICIER D'ACADÉMIE

ANCIEN OFFICIER D'ORDONNANCE DU GOUVERNEUR GÉNÉRAL

GAP

Imprimerie et librairie A. VOLLAIRE et Cie, rue Carnot.

—

1901

(Claude M. I.)

CAPITAINE DEVAUX

L'AFRIQUE OCCIDENTALE FRANÇAISE

Par le Capitaine DEVAUX, du 22e de Ligne

OFFICIER D'ACADÉMIE

ANCIEN OFFICIER D'ORDONNANCE DU GOUVERNEUR GÉNÉRAL

GAP

Imprimerie et librairie A. VOLLAIRE et Cie, rue Carnot.

—

1901

L'AFRIQUE OCCIDENTALE FRANÇAISE

L'Afrique Occidentale Française comprend nos colonies du Sénégal avec l'hinterland du haut et moyen Niger, de la Guinée Française, de la côte d'Ivoire et du Dahomey.

En 1895, un décret présidentiel créa le gouvernement général de l'Afrique Occidentale. Le Sénégal et le Soudan étaient sous l'autorité directe du Gouverneur général ; la Guinée, la cote d'Ivoire et le Dahomey ne relevaient de cette autorité qu'au point de vue politique, en conservant au point de vue administratif leur autonomie sous l'autorité de leur Gouverneur respectif.

Comprise entre les 20e et 5e degrés de latitude Nord et les 20e longitude Ouest et 3e longitude Est, l'Afrique Occidentale comprend tout l'Ouest Africain dont il y a à défalquer les enclaves suivantes : Gambie Anglaise, Guinée Portugaise, Sierra-Léone « Angleterre », Togo «Allemand ». Les bouches du Niger appartenant aux Anglais, ainsi que le cours inférieur de ce fleuve depuis les chutes de Boussa.

Les principaux cours d'eau de ce vaste empire colonial prennent naissance dans le massif montagneux du Fouta-Djallon, situé entre les 13e et 10e latitude Nord et les 13e et 15e longitude Ouest. Ce sont le Sénégal qui prend sa source près de Timbo, chef-lieu du Fouta-Djallon ; formé de la réunion du Bafing et du Bakoy aux environs de Kayes, le Sénégal décrit une courbe vers le Nord, en arrosant Bakel, Matam, Podor et St-Louis. Son embouchure est variable et dans l'espace de plusieurs années elle a varié de plusieurs kilomètres. C'est ce qui augmente les difficultés de la navigation sur ce fleuve presque à sec huit mois de l'année.

Une barre ou ressac analogue à celle qui règne sur la côte du golfe de Bénin empêche de débarquer directement à St-Louis, d'où l'importance toujours croissante du port de Dakar et de Rufisque qui se trouve dans la rade même de Dakar.

Le Sénégal reçoit comme affluent de gauche la Falémé, qui traverse en sortant du Fouta-Djallon une région aurifère. La Gambie sort également du Fouta-Djallon. Française dans son cours supérieur et moyen, elle devient Anglaise dans son cours inférieur, ainsi qu'une zone de dix kilomètres au nord et au sud le long de son cours.

La Casamence qui arrose un territoire dépendant du Sénégal, le Rio-Nunez, le Rio-Pongo et de nombreux estuaires forment les rivières du Sud, dont le territoire est devenu la Guinée Française.

Le Cavaly, la Sassandra, le Bandama, la Comoé, la Haute Volta qui arrosent la côte d'Ivoire et l'Ouémé qui arrose le Dahomey sont tributaires du golfe du Bénin.

Le Niger appelé Djoliba dans son cours supérieur sort, ainsi que le Sénégal, du Fouta-Djallon, il arrose Kouroussa Sansando « confluent du Milo qui arrose Kankan » au confluent du Tankisso, Siguiri, Bamako, Ségou, Sassanding, Tombouctou, en coulant du sud-ouest au nord-ouest. En aval de Tombouctou, il décrit une courbe vers le sud-est en arrosant Ansongo, Say, Ilo, Boussa, et atteint le golfe de Guinée en traversant les territoires anglais du golfe Bénin. Il se jette à la mer par un vaste delta dont la branche de Forcados est la plus navigable.

OROGRAPHIE

Au point de vue orographique, la région sud-ouest est la seule vraiement intéressante. Le Fouta-Djallon possède des sommets qui ont jusqu'à 2.000 mètres d'altitude ; l'altitude moyenne est de 900 mètres. Cette région possède un climat tempéré à l'exclusion de toute autre partie de l'Afrique Occidentale. Des contreforts du Fouta-Djallon s'étendent assez loin à une certaine distance de la côte du golfe du Bénin, mais ce ne sont que des vallonnements très faibles qui mettent fin à la légende des montagnes de Kong.

Dans le nord de la boucle du Niger, les monts Hombori ont de 800 à 1.000 mètres. La région nord de l'Afrique Occidentale a l'aspect désertique, et la rive droite du Sénégal et la rive gauche du Niger semblent former une barrière aux sables du Sahara. La zone qui s'étend au-dessous de cette barrière a un régime presque tropical, avec une saison sèche et une saison humide nettement délimitées.

Les territoires de la Guinée Française, les hinterlands de la côte d'Ivoire et du Dahomey comprennent les régions les plus riches de l'Afrique Occidentale ; la saison des pluies dépasse sensiblement en durée la saison sèche. La côte du golfe du Bénin, composée d'une série de lagunes est dangereuse pour l'Européen ; elle est bordée au nord par une épaisse forêt à travers laquelle les rayons du soleil ne pénètrent jamais, c'est la région la plus rebelle à la pénétration européenne.

HISTORIQUE

Un aperçu historique du Sénégal et du Soudan nous permettra de comprendre assez facilement les différentes phases des conquêtes des grands chefs guerriers ou religieux qui ont sans cesse bouleversé tout l'ouest Africain, et qui, par leurs exactions mêmes, ont accru aux yeux des indigènes les soulagements que leur apportait la civilisation française. A la fin du XVIe siècle, des comptoirs français sont fondés au Sénégal. De 1758 à 1779, la colonie est aux Anglais ; le duc de Lauzun leur reprend ces établissements, mais la capitulation de 1809 rend le Sénégal aux Anglais jusqu'en 1817.

C'est à partir de 1855 que le commandant Faidherbe, nommé gouverneur du Sénégal, entreprit l'œuvre de pénétration dans l'Ouest Africain, œuvre grandiose qui fait maintenant une des forces de la France, « comme Bapaume restera à tout jamais un des glorieux souvenirs de notre défaite ». Après avoir entrepris la soumission des principaux chefs du Cayor, Faidherbe parvint à étapes forcées à délivrer un groupe de héros qui se trouvaient entourés à Médine, sur les bords du haut Sénégal, par les bandes d'El-hadj-Omar. Par sa vie aventureuse et par sa supériorité intellectuelle, El-hadj-Omar, sous le couvert de l'apostolat islamique, terrorisa pendant longtemps tout l'Ouest Africain. Les dissensions qui ne manquent pas d'éclater entre tous ces chefs plus cupides les uns que les autres amenèrent la mort du pélerin. Ses successeurs exigèrent qu'on envoyât contre eux de nombreuses expéditions qui les refoulèrent de plus en plus à l'intérieur.

Galiéni, Archinard, Borgnis des Bordes, Combes, Fray,

de Trentinian nous marquent les étapes glorieuses de notre conquête et aussi de l'organisation militaire et administrative qui fit la force du Soudan français. Si les derniers efforts ont été plus sérieux au point de vue tactique, nous devons témoigner notre admiration pour les soldats de l'infanterie de marine, pionniers de la première heure, qui marchèrent au soleil en schako et en effets de drap, avec une mortalité de 60 o/o.

L'étude abrégée de ces campagnes contre Samory nous montrera les avantages de l'enrôlement des indigènes comme tirailleurs, spahis et conducteurs, ce qui nous permit d'opérer pour ainsi dire en toute saison, avec un minimum de cadres blancs.

SAMORY

Plus que tous ses prédécesseurs, Samory fut un guerrier cruel, gagnant à sa cause aussi bien des fétichistes que des musulmans, brûlant tous les villages, massacrant tout ce qu'il ne pouvait emmener comme esclaves ou comme guerriers ; il terrorisa en quelques années toute la rive gauche du haut Niger, et ses sofas comme s'appelaient ses guerriers se sont approchés jusqu'à 150 kilomètres de Konakry en Guinée française.

Au nom de l'humanité, la France dut mettre fin à ces barbaries. Energiquement repoussé, Samory passa dans la boucle du Niger ; ayant constitué une nouvelle bande, il repassa le Niger et vint menacer nos communications avec Bamako. Des colonnes furent successivement envoyées qui le repoussèrent vers le sud, dans la région de Kong, sur la lisière nord de la forêt de la côte d'Ivoire.

L'ardeur de notre infanterie de marine ne connut plus de bornes. A diverses reprises des colonnes furent dirigées concentriquement sur Samory, mais par un phénomène curieux, Samory put s'échapper. Néanmoins, il y avait eu des combats, des morts, des blessés et des récompenses.

PRISE DE SAMORY

En 1897, M. André Lebon, ministre des Colonies, se rendit au Sénégal et au Soudan, à Kayes. En cours de route on apprit que Samory retiré vers Kong, dans le Djimini, s'y retranchait après avoir essayé de gagner à sa cause Babemba, roi de Sikasso. Comme Sikasso était sur la route du Djimini, il importait de combattre l'influence de Samory auprès de Babemba. Le capitaine Morisson de l'Etat-major du Soudan fut envoyé en mission auprès du roi de Sikasso. Le résultat : le convoi du capitaine Morisson complètement pillé. Grâce à la stabilité du Gouverneur général d'où découle une suite dans les idées, la prise de Samory fut décidée coûte que coûte. L'intérêt économique, les idées humanitaires prévalaient. La collaboration dévouée du colonel de Trentinian, du colonel Audéoud et de tous les officiers du Soudan nous permit de venger, le 1er mai 1898, l'affront fait à Morisson. Babemba fut tué, son armée anéantie. Les lieutenants Gallet et Loury étaient morts au feu, de nombreux officiers blessés.

La prise de Sikasso qui avait été précédée de quatorze jours de combat d'avant-garde sauva le prestige de nos armes. L'étoile de Samory, le Napoléon noir, pâlissait. Effrayé du sort de Babemba, il devait renoncer à la défensive qui avait coûté la mort au roi de Sikasso. Ayant dévasté tout le Soudan, Samory ne pouvait fuir que vers le sud-ouest. Il fallait donc sans hésiter renforcer nos postes de cette région pour tomber sur le flanc droit des fuyards.

Le commandant de Lartigue, chef de la région sud, pressentant cet exode de Samory vers l'ouest demanda du renfort. Néanmoins, ce fut avec 250 hommes qu'il dut prendre contact avec l'arrière-garde de Samory, composée de plusieurs milliers de sofas, appliquant avec commandement les principes du combat de la compagnie et n'opérant que par feux de salve.

Le commandant de Lartigue dut reculer pied à pied jusqu'au poste de Touba. A cette nouvelle reçue à Paris et à l'exécution des ordres que j'avais reçus, je démontrai facilement au chef du cabinet du Ministre la situation critique de Samory, si on renforçait de suite la région sud. Le commandant de Lartigue ayant alors plein pouvoir et des compagnies d'auxiliaires, envoya des colonnes convergeantes qui devaient barrer la route de la forêt à Samory. Du reste, ainsi que je l'avais expliqué à Paris, toujours en exécution des ordres du Gouverneur général, Samory ne pouvait que se réfugier chez les tribus Tomas anthropophages, les seules avec qui il eut des relations. Au sud, la forêt de ces anthropophages était un danger pour Samory. La colonne de Lartigue lança son avant-garde sous les ordres du capitaine Goureau. Samory fut surpris dans son camp et fait prisonnier par le sergent Bratière. Goureau y gagnait son quatrième galon, et la France continuait son rôle d'humanité dans le continent noir. Samory fut interné au Congo où il devait mourir. Ses principaux lieutenants restent en captivité au Congo. La prise de Samory n'était qu'une partie du programme que s'était imposé le Gouverneur général Chaudié. Dans une inspection qu'il fit en 1896-97, M. Chaudié, accompagné du colonel de Trentinian, fut frappé de la richesse de la vallée supérieure du Niger.

D'autre part, dans un nouveau voyage sur les bords du Niger, il put se rendre compte combien les hinterlands de nos colonies étaient groupés d'une façon manifestement artificielle sous le nom de Soudan français Pour éviter la confusion des pouvoirs administratifs et militaires, il parut possible de rattacher à chaque colonie dont ils sont le développement naturel ces hinterlands. C'est ainsi que tout en s'inspirant des heureuses réformes du lieutenant-gouverneur du Soudan et tout en conservant dans des limites raisonnables la puissante organisation militaire de l'Afrique Occidentale, fut promulgué le décret du 17 octobre 1899, par lequel les colonies du Sénégal, de la Guinée française, de la Côte-d'Ivoire et du Dahomey se partageaient le Soudan. Les cercles de la région nord et nord-est du Soudan, ainsi que ceux comprenant Sikasso, Ouagadougou et Say forment deux territoires militaires. Par suite de notre occupation du Tchad (résultat des missions Afrique Centrale, Foureau-Lamy et Gentil), on vient de créer un troisième territoire militaire. Cette frontière parcourue par de simples patrouilles de police nous protège suffisamment contre les incursions des Touaregs et des autres tribus belliqueuses.

Le développement économique de l'Afrique Occidentale ne sera plus désormais entravé. La Guinée française qui, sous l'administration éclairée de son gouverneur, M. Balay, s'est considérablement développée, possède actuellement la vallée supérieure du Niger que nous estimons la région la plus riche de l'ouest Africain. Le résultat immédiat de la réorganisation de l'Afrique Occidentale sera la continuation ou l'exécution des voies de pénétration soit par le rail, soit par l'utilisation des cours d'eau navigables. Le télégraphe qui réunit par terre Saint-Louis à Porto-Novo, à Konakry vient d'atteindre Dori, à 200 kilomètres de la branche orientale du Niger. Le chemin de fer de Kayes au Niger (Sénégal) sera cette année à Kita, après avoir franchi les plus gros obstacles du tracé. Le chemin de fer de Konakry-Niger est en voie d'exécution ; son tracé judicieux franchit le massif montagneux du Fouta-Djallon, pour aboutir à Kouroussa, centre de la région caoutchouquifère. Ce chemin de fer pourra se suffire à lui-même au cours de son exécution. Des études ont permis d'établir des projets de voie ferrée à la Côte d'Ivoire et du Dahomey. Le chemin de fer du Dahomey, qui atteindra après un tracé de 700 kilomètres le bief navigable du Niger, sera une de nos plus importantes voies de pénétration, puisqu'elle nous mènera au Tchad par le chemin le plus court. Elle drainera facilement tout le commerce du Sokoto, au détriment de la compagnie anglaise du Niger.

La prise de Samory, la défaite et la mort de Rabah semblent avoir mis fin à l'ère des conquêtes territoriales. Mais le rôle de l'armée aux colonies n'est pas terminé pour cela. Ainsi que nous l'avons dit, l'organisation administrative des régions récemment conquises est due à l'Etat-major du Soudan qui a opéré sous la haute direction du général de Trentinian, alors qu'il était lieutenant-gouverneur. Dans les postes, des jardins ont été créés pour initier les indigènes à nos cultures et pour améliorer la nourriture des Européens à l'aide de légumes frais. Le Fouta-Djallon fournit de nombreux troupeaux, qui par un élevage rationnel permettront d'approvisionner la colonie en viande fraîche. Le riz, le sorgho (mil à couscous), la patate, le manioc, l'asperge sauvage et les fruits tels que la mangue, l'avocat, la papaie et l'orange qui abondent au Fouta-Djallon, permettront de supprimer sous peu la nourriture échauffante par les conserves. La plupart des légumes européens viennent bien et vite. La pomme de terre ne produit que pendant deux ou trois ans.

Les constructions se sont améliorées au Soudan ; à Bamako, on a créé une tuilerie qui permet de substituer la couverture en tuile au chaume des cases que les pluies hivernales traversent facilement. Les modifications dans le costume de l'Européen lui ont fait mieux supporter les grandes chaleurs ; aussi les conditions hygiéniques sont-elles bien meilleures qu'il y a dix ans, et la construction des routes a assaini considérablement le pays, quoique les travaux préparatoires dégagent des miasmes putrides qui ont tué tant de braves sapeurs du génie, hardis pionniers du Soudan.

L'arachide, graine oléagineuse, la gomme, le sel de l'Adrar, le caoutchouc sont les principaux produits du Sénégal et du Soudan. Le coton, le caoutchouc, l'indigo, l'or sont des richesses pour toute la vallée supérieure du Niger. Des gisements aurifères ont été récemment découverts aux environs de Dori, à l'est de la boucle du Niger. Le sel des mines de Tagant, Taodénit (Maures) se vend dans toute la boucle et dans presque toute la colonie, notre pénétration lui substituera le sel aggloméré.

Les bois d'essence riche proviennent de la forêt de la Côte d'Ivoire et du Dahomey. La Côte d'Ivoire est très riche en caoutchouc ; la Guinée française tire sa valeur de son hinterland qui forme la vallée du Niger avec son affluent le Tankisso, dans le bassin duquel se trouve le Bouré, région aurifère. Les alluvions du Tankisso traînent des paillettes d'or. L'ivoire que nous fournissent les éléphants est un produit des plus rémunérateurs, mais nous devrons étudier la conservation de l'animal producteur, qui vit encore en troupeaux dans le Soudan.

Ne voulant pas vous importuner par les chiffres toujours abstraits de la statistique, je vous citerai seulement les chiffres du mouvement commercial de la Guinée française en 1899, car c'est une colonie qui n'a pris son essor que depuis 1897.

Importations......	15.441.710 fr.
Exportations......	9.461.496 fr.
Total.........	24.903.206 fr.

L'Allemagne et l'Angleterre sont pour beaucoup dans ce chiffre, mais nous tendons à nous substituer de plus en plus aux étrangers dont nous devrons adopter les méthodes, la hardiesse et l'initiative industrielle et commerciale. Il y a sept ou huit langues en Afrique Occidentale. Le mandigue ou peuhl est la plus répandue et comprise partout. L'arabe est écrit et parlé par les marabouts et les idiomes sont écrits en caractères arabes. Nos missionnaires, Pères du Saint-Esprit, Pères Blancs et nos sous-officiers ont jeté les bases de notre enseignement du français. Des écoles ont été créées un peu partout. Celles des fils de chefs nous donnent les meilleurs résultats, car les élèves composent l'élite des races. Les bureaux du gouvernement général, les administrateurs recrutent leur personnel sur place parmi les indigènes ou mulâtres. Une géographie de l'Afrique Occidentale a été faite par le Directeur de l'école secondaire de Saint-Louis et des cartes scolaires ont été dressées.

Une grande carte en 200 000e vient d'être dressée pour l'Exposition de 1900. Les mécaniciens des chemins de fer Dakar, St-Louis et Kayes-Niger sont des noirs qui ont suivi les cours des mines d'Indret ; nos équipages des avisos stationnaires, appelés Laptots, sont tous noirs et sont d'excellents marins. Le dévouement, la reconnaissance, l'affection même que nous n'avons qu'à entretenir chez les indigènes en nous inspirant des nobles principes de l'humanité et de la fraternité des peuples et des races, font de tous ces noirs de vrais et bons français qui récompenseront la métropole des sacrifices énormes en hommes, en argent qu'elle a consentis pour la cause sacrée de la civilisation.

Si l'on considère le peu de temps qui s'est écoulé depuis notre installation définitive en Afrique Occidentale et les travaux qui y ont été entrepris, on sera convaincu de l'avenir qui est réservé à notre empire de l'Ouest Africain, sous la direction du gouverneur Balay placé récemment à la tête du Gouvernement général de l'Afrique Occidentale.

La liaison des différentes parties de notre empire colonial Africain est désormais réalisée par la rencontre sur les bords du lac Tchad « mars 1900 » des missions Gentil et Foureau-Lamy. Grâce aux efforts de la mission Marchand, nous avions ouvert à Fachoda un débouché sur le Nil aux richesses du Bar-el-Gazal. Cette région traversée de nombreux cours d'eau avait attiré l'attention de l'Angleterre, et en ordonnant au colonel Marchand de précéder coûte que coûte les Anglais sur le Nil, nous assurions les débouchés des régions les plus fertiles du Congo français. Malheureusement l'œuvre de Marchand fut vaine. Nous dûmes reculer devant l'Angleterre en lui abandonnant la partie fertile du Bar-el-Gazal, ne conservant pour nous que le désert. Le Tchad, avec son affluent le Chari, devient donc le débouché indiqué du haut Congo.

TRANSSAHARIEN DE L'OUEST

La liaison entre notre colonie de l'Afrique du Nord et l'Afrique Occidentale effectuée par le raid de Foureau ne deviendra définitive que quand nous aurons établi soit une bonne piste, jalonnée par des postes, soit une voie ferrée. C'est la question du Trans-Saharien qui se pose à nouveau avec la nécessité d'une solution aussi prompte que possible. Traversant des déserts que parcourent les bandes Touareg à la recherche d'une caravane à piller ou à taxer d'un lourd impôt, la mission Foureau-Lamy ne semble pas, de l'avis même de Foureau, avoir eu de résultat économique appréciable. Si au contraire on cherchait à relier nos deux colonies en passant à l'ouest du Sahara, les avantages économiques seraient indiscutables d'autant plus que le chemin de fer de Bou-Djemen abrège la route. Les Maures qui apportent sur la rive droite du Sénégal la gomme de l'Adrar seraient pour nous de précieux auxiliaires dans nos efforts de pénétration saharienne. Le grand marabout Sheik Saad-Bou est tout disposé à mettre sa grande influence à notre service. Lors de l'attaque de la mission Blanchet qui ébauchait notre projet, le grand marabout intervint généreusement auprès des chefs Maures pour délivrer nos compatriotes. Son influence religieuse s'étend jusqu'au sud Marocain et sa protection doit nous permettre d'augmenter l'influence française chez les Maures et d'atteindre le point terminus du chemin de fer Oranais où les obstacles qui existaient naguère vont être supprimés grâce aux résultats obtenus dans le sud Oranais.

Ce tracé du Trans-Saharien passe dans des régions fertiles « relativement ». La gomme et le sol en seraient les principaux trafics. La plus grande partie du sel que l'on vend au Soudan provient de ces régions. Les deux points terminus se trouvent en pays sûr. Cette idée a fait depuis un an un progrès sensible et la pacification du Touat laisse espérer que des études complètes de ce tracé seront entreprises.

En cas de conflit, notre situation en Afrique occidentale est supérieure à celle des puissances avec lesquelles nous sommes en contact. Par la continuité des efforts, par l'esprit de suite qui depuis 1895 n'a cessé de guider notre œuvre colonisatrice, nous avons occupé tous les hinterlands des colonies étrangères. Bien que nous ayons abandonné aux Anglais une partie du cours inférieur du Niger, nous possédons le bief navigable le plus étendu de ce fleuve.

La race Soudanaise nous fournit des contingents bien supérieurs à ceux que les Anglais recrutent dans la Gold-Coast. Alors même que les Anglais nous barreraient la route Dakar-Bordeaux par l'occupation des Canaries, alors même que du haut des îles de Loos, ils brûleraient Konakry, notre organisation militaire nous permettrait de tenir bon. Un régiment de tirailleurs Soudanais, renforcé par des réserves tenues en haleine en temps de paix, un escadron de spahis soudanais, les milices du territoire d'administration civile, notre régiment de tirailleurs Sénégalais, l'escadron de spahis Sénégalais forment avec le quatorzième régiment d'infanterie coloniale et le groupe d'artillerie, des forces largement suffisantes et approvisionnées contre lesquelles aucune force étrangère ne saurait l'emporter.

C'est donc avec une émotion toute patriotique que nous devons un souvenir aux braves qui ont arrosé de leur sang ces belles conquêtes de la fin du XIXᵉ siècle. La France a prouvé par le courage de ses soldats, par la hardiesse, l'endurance et la volonté de ses explorateurs, par l'abnégation, le dévouement de ses missionnaires, qu'elle était encore la France des Dupleix.

Le Tonkin en Asie, l'Afrique du Nord et l'Afrique

Occidentale sont avec Madagascar une large compensation à la perte des Indes. Par son vaste empire colonial la France a repris son rang parmi les grandes puissances du monde. Un vaste champ d'études développera notre goût du travail, notre énergie, augmentera notre expérience. Les dures épreuves auxquelles sont souvent astreints les coloniaux, développeront les qualités essentiellement françaises du courage de l'entrain qui nous permettront de lutter de nouveau quand il nous faudra maintenir soit en Europe soit au-delà des mers le prestige de la République Française qu'abrite le pavillon tricolore.

Gap, le 16 mars 1901.

GAP — Imprimerie et librairie A. VOLLAIRE et Cie, rue Carnot.

Contraste insuffisant

NF Z 43-120-14

www.ingramcontent.com/pod-product-compliance
Lightning Source LLC
LaVergne TN
LVHW010259230826
846091LV00007B/3063

* 9 7 8 2 0 1 2 8 7 5 2 6 5 *